wilde poesien

Susann Kraft

Bibliografische Information der Deutschen Nationalbibliothek:
Die Deutsche Nationalbibliothek verzeichnet diese Publikation in
der Deutschen Nationalbibliografie; detaillierte bibliografische
Daten sind im Internet über http://dnb.d-nb.de abrufbar.

Impressum

Copyright © 2015

Herausgegeben von SternenBlick
www.sternenblick.org
Kontakt: sternenblick.org@web.de

Autorin: Susann Kraft
poesie@susann-kraft.de

Coverbild: © Regina Jersova - fotolia.com
Bild Vögel (S. 17): © Guz Anna - fotolia.com
Bild Vogel (S. 48) & Vorblatt: © depiano - fotolia.com
Vorwort: Liane Marth - http://liane-marth.webnode.com
Buch- & Covergestaltung: Stephanie Mattner
Kontakt: stephaniemattner@web.de

Herstellung und Verlag:
BoD - Books on Demand, Norderstedt

ISBN: 9783738624977

„Herz, vergiss die albernen Sorgen!"

Dieser stimmungsvolle Gedichtband ist wie ein poetischer Garten, in dem man sich von einer feinen Blüte zur anderen tragen lassen kann und dabei immerzu Neues entdeckt.

Mit Bedacht kleidet die Autorin eine große Themenvielfalt in wunderbare Formulierungen. Ihre tiefe Liebe zur Poesie und eine starke Naturverbundenheit ist überall spürbar.

Mehr als fünfzig Verse in unterschiedlichsten Tonlagen laden zum Verweilen ein. Leise Töne stimmen nachdenklich und wechseln mit beschwingten Tönen voller Zuversicht. Feinsinnige Zeilen richten den Blick auf die wichtigen Dinge des Lebens und wecken Dankbarkeit für das kleine Glück.

Susann Kraft begeistert hier mit ausdrucksstarker Lyrik, die in bildhafter Sprache das Herz berührt.

Ein bezauberndes Büchlein voller „wilder Poesien" - so bunt und vielfältig wie das Leben selbst.

Liane Marth
Rezensentin mit Herz

Pinselstreich

Die Poesie, sie schwingt und singt
entgegen aller Schwarzmalkunst
und hüpft dabei so wortgewandt
vom Vogelsang zum Alltagsdunst.

Sie tiriliert in frechem Ton,
lehnt sich am Gartenzaun dabei.
Und Nachbars ‚Frisch gestrichen!'-Schild
beklebt sie neu mit: „Ich bin frei!"

Zwischen den Wolken

Manchmal steig' ich hoch zum Himmel,
wo die Wolken zärtlich zieh'n.
Stoß mich ab vom Tag-Gewimmel,
spür', wie Worte vorwärts flieh'n

mitten durch die Sorgen-Hügel,
hin zum Licht im Sehnsuchts-Wind.
Hoffnung regt sich, streckt die Flügel
und ich vertrau dem Morgen blind.

Sonnen-Meer

Weiße Riffel-Wölkchen reiten
über'n Himmelsblau-Parcour.
Fröhlich wellend wie die Weiten
einer Meeres-Perlenschnur

um den Hals der Sonnen-Schönen;
wie sie funkelt, wie sie lacht.
Und wir lassen uns versöhnen,
rauschend-süß; zum Sein entfacht.

Wanderling

Ein Sonntag war's, an dem sie platzte:
die Neugier, mit der Tür ins Haus.
Die Sonne war's, die lauthals schmatzte,
voll Lust auf fetten Augenschmauß

und beide trieben mich ins Freie:
die eine süß, die and're Kind.
Ich fand mich staunend, man verzeihe,
gar läufig, mit dem Fuß im Wind.

Vöglein-Blues

Ein Still-Wind steht mir steif vorm Herzen,
und lässt mich nicht am Fliegen sein.
Die Bäume steh'n wie alte Kerzen,
vergessen schon vom Mondenschein,

obwohl doch eben noch geleuchtet,
gerauscht im blätterlichen Tanz;
nun nur noch stumm, vom Tag durchfeuchtet.
Ein Flügel tot, der And're ganz...

Weitblick

Manchmal möcht' ich meine Flügel
hoch empor zum Himmel heben.
Stehend auf dem größten Hügel
meine Angst den Winden geben.

Ohne Worte Weisheit greifen,
die mich trägt zum nächsten Morgen.
Und in Wahrheit weiter reifen
bis ich alt bin, ohne Sorgen.

Ein altes Lied

Ich ging und fand im Nieselreigen
ein altes Lied, dem Wald zu eigen.
Die Vögel sangen's ohne Schwere,
als ob es so viel schöner wäre,
sich tröpfchen-nass mir vorzuzeigen.

Das Lied, es klang aus all den Zweigen,
die perlen-grün sich tief verneigen
vor dem, der leichten Schritt's, vergnüglich
im Regen hüpft. Und unverzüglich
begann mein Herz emporzusteigen.

Ich blieb und sang im Nieselreigen,
das alte Lied, dem Wald zu eigen.
Vom frischen Mut trotz aller Schwere,
als ob es so viel schöner wäre,
im Nebel-Licht sich vorzuzeigen.

Zapfenschrei

Ein Tannenzapfen fiel zu Boden
und schrie: „Was macht mein Leben Sinn?
Hier lieg ich nun im Nadelregen
und keiner sieht mich, wie ich bin!"

Von nebenan kam prompt die Antwort:
„Sei still, mein Freund. Hör lieber zu!
Der Wind singt uns sein schönstes Liedchen.
Dein Bett ist weich. Gib dich zur Ruh'!"

Der Zapfen schwieg, was blieb ihm übrig?
Ein leiser Tod nahm bald den Schmerz.
So kann's wohl geh'n mit lauten Sorgen:
Man macht sie stumm, dann bricht das Herz.

Stolperstein

Fehler fühlen keinen Schmerz,
der Stolz ist's, der getroffen
mit großem Weh zu Boden fällt,
zu schwach, um noch zu hoffen.

Ach hätt' ich doch, oh könnt' es sein...
Wie sinnlos, noch zu fragen.
Am Ende schafft's verletzter Stolz,
sich bis ins Grab zu klagen.

Und dann? Das macht doch keinen Sinn!
Oh Stolz, du bist so nichtig!
Komm, hilf mir lieber aufzusteh'n
und dann versuch ich's richtig!

Stückchen-Glück

Manchmal hör' ich ihre Lieder,
wie sie tanzen, auf und nieder;
wie sie lachen, wie sie weinen,
trotzdem singen. Oh, die kleinen
Dinge mit dem Lichtgefieder.

Manchmal möcht' ich sie dann halten,
ihren Atem in mir falten;
warm und weich ihr Strahlen spüren,
schließen all die Herzens-Türen.
Ganz für mich will ich sie halten.

Doch ich weiß, sie müssen fliegen,
hoch hinauf am Himmel wiegen,
was auf Erden schon verschwunden,
in mir drin noch tief verbunden.
Ich werd' mich heimlich an sie schmiegen...

Nebel-Bank

Ich lieg' und wand're durch Gedanken,
ein Nebel-Leuchten führt den Kreis.
Zwei Stimmen, die den Weg zerzanken:
die eine schwarz, die and're weiß;
wie Stummfilm-Worte ohne Richtung,
erst hier, dann dort, doch nirgends hin.
Ich tast' mich vor, zur nächsten Lichtung.
Wer kennt schon seines Schattens Sinn?

Ein neuer Tag

Der frühe Morgen atmet Stille,
die Wanduhr tickt im Herzensschlag.
Die Dunkelheit bedeckt mit Fülle,
was Leere blieb vom letzten Tag.

Ein Silberstreif hebt die Gefühle
heraus aus müder Sorgen-Not
und wärmt die furchtverzagte Kühle
im hoffnungsgleichen Himmels-Rot.

Hoch oben

Hand in Hand, im Herz die Sehnsucht.
Die Flügel zucken schon so lang.
Ein frischer Wind treibt alte Ängste
hinab ins Tal. Die Zeit klingt bang'.

Und doch, sie tritt bis an die Grenze,
packt fest die Neugier und springt weit.
Die Wirklichkeit verschwimmt tief unten.
Und wir? Wir fliegen durch die Zeit!

Lieblings-Gelb

Wie kann ich solch ein Gelb beschreiben,
das hier im Löwen-Licht entbrennt?
Wie kann ich Worte vorwärts treiben,
wenn sich mein Dichter-Herz verrennt

in klebrig-braune Finger-Sprenkel,
ins Kränzeflechten, Puste-Pflicht.
Ein Zähnchen lacht und zieht am Senkel;
der Wanderschuh' bedarf's heut' nicht.

Regen-Glanz

Wer kann der Sommer-Träne wehren,
die sich im Gras zur Stille legt?
Wer kann dem Glanz das Glitzern lehren,
das sich wie Mut ins Herz bewegt

und dort erscheint als Freudentropfen;
ein Diamant, noch ohne Kleid,
doch bald schon blühend, strahlend, klopfend
im Sonnen-Takt der schönsten Zeit.

Sommer-Lüftchen

Ein Wonne-Wind weht durch den Garten;
wiegt sich im Kirschbaum hin und her.
Die Amsel übt vergnügt das Warten;
ich fang' die Fleckchen, sonnenschwer

und doch voll Leichtigkeit und Kühle;
ein Schattenreigen-Lichterspiel.
Fehl'n nur noch ein, zwei Liegestühle
und schon bin ich am süßen Ziel.

Käfer-Mut

Ein Käfer saß auf seinem Mist,
so ganz zufrieden mit der Welt.
Die Luft ein wunderbarer Twist
aus Erdenduft und Himmelszelt.

„Hier bin ich Käfer!" rief er laut,
„Hier will ich sein, mein Paradeis!"
Kaum hatte er sein Mahl gekaut,
kam schon der Tod, ganz heimlich leis'

und sprach zum Käfer: „Es ist Zeit,
du musst nun auf die Reise geh'n!
Sag Lebewohl! Der Weg ist weit.
Bald wirst du deinen Schöpfer seh'n."

Der Käfer schwieg und nickte dann:
„Herr Tod, ich weiß, du meinst es gut.
Doch werd' ich wehren, was ich kann.
Du nimmst mir nicht den letzten Mut!"

Rief's laut und tauchte bodenwärts
ins stinkig-faule Kompost-Tief.
Der Tod stand da: „Ein schlechter Scherz?
Ich wühl' doch nicht in solchem Mief!"

Er wand sich ab vom Käferheim,
und stapfte wütend aus dem Wind.
So schnell erstickt man Angst im Keim...
Es riecht nach Mut, wo Käfer sind!

Rosenzeit

Ein Beet im Garten süßer Lieder,
ein Bächlein voll mit Sonnenschein.
Den Knospen an der Rosenpforte
möcht' ich ein Freund im Wachsen sein.

Oh, könnt' ich doch in Schönheit binden,
was Worte fühl'n mit Zärtlichkeit.
Und meine Blüten wiederfinden
inmitten tiefster Kostbarkeit.

Sommernacht

Meine Hand erkennt die deine,
Finger finden sich zum Tanz.
Warm und weich wie Sommerregen
trifft mich dein Blick. Ich trink' den Glanz
des Sonnenlichts am Abendhimmel
aus Augen größer als der Mond.
Wir geh'n ein Stück des dunklen Weges
und breiten aus, was in uns wohnt...

Neu entdeckt

Gedanken ranken durch die Zeiten,
aus alten Weisen sacht entfacht.
Voll neuer Lust an Lieblichkeiten
entbrennt ein Sternenlicht mit Macht.

Und flicht der Dichter größte Schätze
hinein ins spröde Erdenbuch.
In winterkalter Alltagshetze
erwärmt die Welt ein Sehnsuchtstuch.

Wunder-Rot

Der Morgen glüht im Feuermantel
und hüllt den Tag in warmen Schein.
Dein Blick verfängt sich in den Weiten
und kommt zurück, zu mir allein.

Oh, könnt' ich doch die Wunder weben,
die dort am Himmel stetig zieh'n.
Ein Schal aus Zeit würd' ich dir schenken,
bestickt mit Hoffnung. Wolken flieh'n...

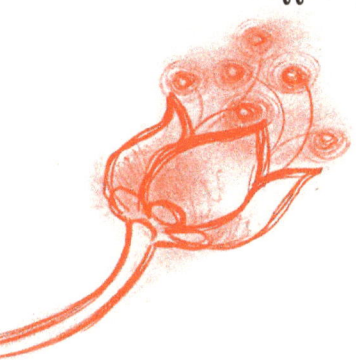

Der Weisheit letztes Schwein

Klein Schweinchen sprach zum alten Eber:
„Mir liegt da schwer was auf der Leber:
Die Andern sagen Ferkeleien
und woll'n mich raus aus ihren Reihen;
Sie nennen mich 'nen Streber!"

„Ach Kind...", ein tiefes Eberschnauben,
„die soll'n doch grad im Dreck verstauben!
Wenn dich die Zahlen int'ressieren
und jene nur den Bauch schlammieren,
dann kannst du mir eins glauben:

Ihr wärt nie Freund und Freund gewesen.
Jetzt sei schön still und lass mich lesen!
All Weit'res wird sich auch noch finden,
das Leben lehrt uns überwinden.
Aus Borsten werden Besen..."

Seltsame Begegnung

Die Dankbarkeit marschierte heute,
voll Stolz mit ihrer fetten Beute,
vorbei an meinem Küchenfenster.
Ich dachte erst, ich seh' Gespenster.

Doch sie, die niemals scherzt mit Dingen,
fing gleich darauf laut an zu singen.
Und ich stand ganz verblüfft im Leben
und sah sie um die Ecke schweben.

Augen-Blick

Die Rose blüht ganz unbeschämt,
schenkt sich dem Licht, liebt sich hinein
in Blicke, meistens wohl gezähmt,
doch manchmal nicht; „Ich bin heut' dein!",

sagt sie, und schmilzt mein Herz hernieder;
ein wilder Vers, der sanft verführt.
Du siehst mich an, streichst meine Lider
und ich bin innen tief berührt.

Kleine Herbstgeschichte

Es raschelte im Blätterhimmel,
ein leises Stimmchen sprach: „Adieu!"
Und sprang aus buntem Herbst-Gewimmel
hinein ins graue Mensch-Milieu.

Der Schock erfüllte ohne Worte
des kleinen Blattes großes Herz.
Ein Kindlein fand's an dunklem Orte
und hob es sanft aus seinem Schmerz.

Es trug's nach Haus' in stillem Schreiten
und bettete des Blättchens Rot,
geborgen zwischen Bücherseiten,
zu ew'ger Ruh, weit weg vom Tod.

Schiffsfriedhof

Ich fühl' mich wie ein Schiff in Seenot,
die Worte wirbeln mich im Kreis,
zieh'n tief hinab zum Meeresboden
und finden doch nicht, was ich weiß.

Versteckt im Sand, vom Salz zerfressen
liegt hier der Anker, den ich warf,
bevor die Strömung mich verschluckte,
das Wasser wetzt sich an mir scharf

und reißt mich fort ins nackte Leben.
Ich such' den einen, festen Halt.
Das Schwimmen hält mich noch weit oben
doch fühl' ich Eis, das auf mich prallt

und unter meiner Haut verschwindet.
Ein Frösteln kriecht sich in den Sinn,
umfängt mein Sein, erstickt mein Sehnen
und endlich nehm' ich alles hin...

Zeiten-Ruh

Stille legt sich in mir nieder
und fängt mein Herz mit süßer Ruh'.
Die Wanduhr tickt zufrieden lächelnd.
Wir beide hör'n dem Frieden zu.

Niemand kommt und geht hier heute.
Die Zeit steht staunend neben mir
und weint ein kleines Freudentränchen
vor lauter Glück im Jetzt und Hier.

Ich wünschte, ich könnte...

Wie ein Kind die Dinge lieben,
ganz entspannt ein Sandkorn sieben.

Einzig den Moment ergreifen,
hören, wie die Äpfel reifen.

Mit dem Wind den Alltag reiten
ohne Geld und Eitelkeiten.

Dann am Abend selig träumen,
unentdeckte Welten schäumen.

Wunder über Wunder staunen,
Sternen einen Wunsch zuraunen.

Und am Morgen zu erwachen
wie ein Kind: mit einem Lachen!

Blütenwind

Ich seh' die Blütenblättchen fallen
und weiß nicht, ob ich weinen soll.
Ein Wünschen will sich in mir ballen,
momentlich bleibend, heiß und voll,

die Schönheit fest im Blick zu greifen,
auf dass der Wind sie nicht verweht.
Doch was nicht fällt, kann auch nicht reifen.
So geht das Leben, treu und stet.

Noch hier

Ich kann dich immer noch begreifen,
den Wind am Weg hör' ich noch pfeifen
von all den Stufen, die wir liefen,
von Sternen, die uns längst schon riefen.
Doch muss der Abschied in uns reifen.

Mein wundes Herz darf dich nicht halten,
es droht im Nebel zu erkalten.
Wirst du das Aufwärts weiter finden?
Ich kann am Weg nicht mehr ergründen,
wo einst die Lichter innig wallten.

Löwenzahn-Wünsche

Ich wünschte mir, das Leben wäre
wie eine Kugel, federleicht.
Die Krönung auf dem grünen Stängel,
ganz weich und weiß, vergnügt gereicht

zum Mund, der lächelnd dreimal pustet
und Fallschirm-Hoffnung windwärts treibt.
Weil dann wir Menschen das Verblühte
als das versteh'n, was neu uns bleibt.

Flüsterwind

Ich streich' mich sanft durch dein Gefieder,
ein Seufzen reckt sich an mir auf.
Es schwingt sich hoch und lässt sich nieder,
wie weites Weh'n im längsten Lauf

und doch so tief in dir verborgen,
gehauchtes Licht im wilden Schein
des alten Monds am Silbermorgen.
Du kennst mich wohl. Lässt du dich ein?

Farben-Froh

Es fasziniert mich stets auf's Neue
wie sich die Frühlings-Herzen weiten
und Kirschen-Kelche sorglos blühen,
als gab's noch niemals schlechte Zeiten.

Die wilde Pflaume schmückt sich braut-weiß,
der Birnenbaum lacht knospig-grün.
Und sonnengelb mischt die Forsythie
den Garten auf zum Freude-Sprüh'n.

Ich sitz' und wund're mich am Leben,
wie's manchmal Schönheit plötzlich fängt.
Ein Mix aus Meistermaler-Streben,
den keiner in ein Muster zwängt.

Komm spielen

Ich mag sie so, die Sonnentupfen,
die ins Gemüt ein Lächeln schlupfen,
ganz kitzlig-weich und wunderfitzig,
ein bisschen grell und manchmal hitzig.
Ich spür' sie an mir zupfen...

‚Komm mit!' So süß, wie sie uns locken,
auch die, die sonst nur traurig hocken.
Hinaus ins Licht, ins große Blühen,
der Frühling macht sich solche Mühen!
Wer könnte da noch bocken?

Es ist Zeit

Oh, ich liebe die Vögel, wie sie singen am Morgen
und sich hoch mit dem Himmel die Klänge ausborgen.
Wie sie fliegen im offenen Wind durch die Tage,
ihre Flügel so stolz und ihr Lied ohne Frage.
Herz, vergiss all die albernen Sorgen!

Ach, ich wünscht' mir, ich könnt' sie so gerne begleiten,
einfach atmen und leben in so endlichen Weiten.
Auf dem Zeiger der Turmuhr kurz ein Schläfchen genießen
und dann schau'n, wie die Blumen dem Frühling eins sprießen.
Herz, du solltest dich besser bereiten!

Zum Sinnieren...

Der frühe Wurm kam angeflogen
im Schnabel eines alten Spechts
und ringelte sich wie ein Bogen
um Spechten's Augen, links und rechts.

Der konnt' nun gar nicht anders enden
als auf dem Bauch, im Morgengrau'n.
Wie sich doch manche Würmchen wenden
wenn späte Vögel Leichtsinn bau'n...

Gold-Moment

Ich hör' die Abendsonne sinken,
ganz golden, sanft wie ein Gedicht
aus lauter leisen, weichen Worten.
Die Wärme trägt mich, in mir bricht

die Spannung eines langen Tages
in kleine Stückchen Halt und Trost.
Ein Seufzen webt sich mir zur Decke.
Die Welt steht still, vom Licht liebkost.

Kindheitstraum

Omas Wanduhr tickt im Takt,
wie gute alte Zeiten.
Wie warme Milch, dick eingepackt
in süße Kleinigkeiten.

Ein Lächelblick, Bonbon-Weh-Weh,
die abendlichen Stunden
auf Opas altem Kanapee,
hier konnt' ich stets gesunden.

Ein Bettrand-Lied, das Nachtgebet,
ein Kuss auf müde Lider.
Schlaf wohl, mein Kind. Es ist schon spät.
Einst sehen wir uns wieder...

Schmelz-Moment

Die Stille legt sich wie ein Flaum
auf meine Seele, wund und leer.
Ich spür', ihr Fragen steht im Raum,
sie streichelt meine Gegenwehr

und hält mich sanft in ihrem Arm
bis endlich alles in mir flieht.
Die Tränen tropfen schwer und warm
auf all das Leid, das vor mir kniet.

Frei wie ein Vogel...

Ein Rückwärts-Wind fasst meine Schwingen
und drückt mich nieder, einfach so.
Ich spür' die Last von übermorgen
und flüchte weit ins Nirgendwo.

Ich schau mich um im leeren Lande
und fühl' mich plötzlich ganz allein.
So wollt' ich das doch auch nicht haben...
Ich glaub', ich flieg' schnell wieder heim!

Perlen-Blatt

Wie Regen-Perlen sich verstreifen
im satten Grün der Blätter-Haut,
so will ich dir durch Schatten schweifen,
treu suchend nach dem einen Kraut,

das uns erwächst auf stillen Pfaden;
noch sonnen-warm, ganz nass vom Glück.
Lass uns im Duft des Sommers baden,
der Glanz des Lichts kommt wohl zurück.

Rupf den Frust

Ich fühl' mich so gestreift, mit Knoten
aus festem, langem Frust-Papier.
Liniertes Grau mit grauen Noten
für all den Ärger tief in mir.

Mein Stift rutscht ab. Kein Ausradieren
hilft heute hier, ich lass' es sein.
Ein letzter Punkt (nur zum Verzieren),
und dann rupf' ich den Zettel klein.

Freund und Feind

Ein Würmchen sprach zum and'ren Wurm:
„Komm lass uns mal was Neues tun!"
Und kroch im kalten Regensturm
vorbei am blinden Nachbarshuhn.

Das Hühnchen, alt und federlos,
fror ganz erbärmlich so allein
und wünschte sich sein letztes Floß
hinan ins Regenbogen-Sein.

Die Würmchen hielten's nicht mehr aus
und robbten näher ran ans Huhn.
Das stand nur da, das Herz zerzaust.
Die Freunde ahnten, es kam nun

auf Würmchen-Mut und Taten an.
Sie riefen laut: „Hey, blindes Huhn!
Wer hat dir sowas angetan?
Komm' lass uns mal was Neues tun!"

Und kuschelten im Kringelkreis
das überraschte Hühnchen ein.
So lässt ein Liebesdienst-Erweis
manch' ärgste Feinde Freunde sein.

Am Ende des Tages

Ich schrieb' meine müden Gedanken
auf Blätter aus Sehnsuchtspapier.
Am Abend des nächstbesten Tages
da fand ich dieselben noch hier.

Ich las sie von innen bis außen,
und schüttelte sanft mein Gemüt.
Wer will schon das immerzu Gleiche,
wenn ein Stern-Wunsch am Himmel verglüht?

Von Dir zu Mir

Ein scheues Lächeln fliegt herüber
und legt sich warm auf mein Gemüt.
Ich streichle sanft sein gold'nes Antlitz
und spür', wie's plötzlich in mir glüht:

Ein Flackern von Gedankenflammen,
die zart und heiß das Herz berühr'n.
Die Antwort liegt mir auf den Lippen.
Solch' Lächeln weiß mich zu verführ'n...

Wo bist du?

Dein Frühlingslied verhallt noch kalt
im Eishauch alter Worte,
die winters voller Träume war'n,
doch nun nichts mehr als Borte
für Deckchen grau auf trübem Grund,
ein Tischlein ohne Gäste.
Ich knie mich hin, zieh' Flecken nach
vom letzten Märzen-Feste...

Welten-Wind

Ein Windrausch fasst mich traumesartig,
    wie Adler-Flügel, weit und stark.
    Die Wolken neigen sich dem Sturme;
    ich lass mich fall'n. Doch tief im Mark

wächst schon das nächste Aufwärts-Wünschen,
    ein Sehnen, hoch und höchst hinaus.
    Und regen-nass spannt sich ein Bogen
    zum Pfeil in Richtung Himmels-Haus.

Feuernacht

Die Nacht wälzt sich in Lindenblüten;
ein schwerer Hauch von Honigwein.
Ich atme tief die dunklen Mythen
und fühl' mich seltsam seelen-rein,

als ob ein Zauber mich verschwendet
im süßen Sog des Firmament'.
Und wie der Mond sich wieder wendet,
spür' ich mein Herz; wie's innig brennt.

Ein Fünkchen-Stern

Kleine, gold'ne Lichterpünktchen,
hell gemalt als Sternenfünkchen,
glänzten einst am Abendhimmel.
Welch' ein Funkelstern-Gewimmel.

Manche fiel'n im Lauf der Zeiten
wunschlos glücklich in die Weiten
traurig-kalter Menschenherzen,
linderten dort all die Schmerzen

und entzündeten ein Feuer,
das uns allen lieb und teuer,
sternengleich zum Lächeln bringt.
Glücklich, wessen Herz so singt.

Winterkind

Ein kalter Wind schreibt harsche Worte,
die Nacht hält an in ihrem Tun.
Die Angst schabt bange an der Pforte,
der Boden bebt und sollt' doch ruh'n.

Ein Klirren bricht das tiefe Schweigen,
das glitzernd plötzlich ganz versteht:
Geboren ward ein Schneesternreigen
aus schönsten Flocken, fast zu spät...

Dezembernacht

Schweigsam webt die Nacht ihr Streben,
leise liest der Mond im Schein
schneeverwehter Lichterbeben
ganz entzückt vom Winter-Sein.

Die Sehnsucht singt dem Morgen Lieder,
heimlich lauscht der Wind ihr zu
und flüstert liebste Sterne nieder.
Das Herz seufzt auf und findet Ruh'.

Tausendmond

Weißt du, wieviel Monde fliegen
durch die endlos weite Nacht?
Sich verbiegen, ruhig liegen,
Sehnsucht kriegen, heiß entfacht?

Kannst du so viel' Fragen spüren,
hell verwirrt am Himmelsblind?
Wie sie Kriege allwärts führen,
siegen, weinen wie ein Kind?

Hältst du die Antwort fest im Herzen?
Oh, schreib' sie tief ins Sternenmoos!
Und trag dein Lächeln
durch die Schmerzen
mondwärts weiter: rund und groß!

Wintermorgen

Die Sonne küsst den Blumenstern
in eisig-kaltem Winterhauch.
Ein rosig-runder Mond winkt fern,
der Morgen lächelt, ich nun auch.

Wer könnte wohl auch widersteh'n,
wenn solch' ein Tag ins Fenster scheint?
Ganz leise schleichend auf den Zeh'n,
hat sich das Glück mit mir geeint.

Suchender

Im tiefsten Tal kann ich's nicht finden,
was mich zum Leben hält und treibt.
Am höchsten Berg lässt sich's nicht binden,
was ich noch bat, dass es mir bleibt.

So wand're ich am frühen Tage
und bis hinein zur späten Stund'.
Die Schritte werden mir zur Plage,
die Füße rau und willens-wund.

Und doch weiß ich vom liebsten Morgen,
der tändelt mit der langen Nacht.
Lass mich den einen Kuss noch borgen,
der meine Reise weit bewacht.

Konzert in Vogel-Dur

Die Vögel zwitschern heller heut',
als wär' ihr erstes Streben,
mir jubelnd das, was sie so freut,
ins Denken einzugeben.

Ihr Singen schwingt im Übermut,
wie Spatzenkinder-Spiele
im Morgenschein der Sommerglut.
Und ihrer sind's so viele,

dass ich mich gar nicht wenden mag
zu Wünschen, die nur wanken.
Viel lieber flieg' ich frech den Tag
auf Flügelpracht-Gedanken.

Am Rande der Zeit

Nebel hüllt das Licht in Schweigen.
Wehmut schwebt in dichtem Kleid.
Zeit verschwimmt im Niesel-Reigen,
webt dem Herz Geborgenheit.

Wand'rer, lauf die alten Tage,
steig' hinauf zum Himmelszelt.
Ohne Angst, in tiefer Frage,
mitten durch die Wattewelt.

Halt mich fest an beiden Händen,
zieh' mich fort zum nächsten Ziel.
Wieder wird sich alles wenden,
Jahr küsst Jahr im steten Spiel.

Wiegenlied

Mein Seelenblick ist dir gefangen,
ich halt dich tief, gedankenschwer.
Ein Sehnen sanft, ein Wohlverlangen
wiegt dich zum Schlaf ins warme Meer
aus Armen weit wie Wellenrauschen.
Mein Streicheln weht durchs Ufergras.
Und wie du ruhst, werd' ich ihm lauschen,
dem Sand der Zeit im Welten-Glas.

Stilles Kind

Der Nachtwind wiegt sich mir entgegen,
ich atme tief den dunklen Rausch.
Die Welt, sie schläft. Ein leiser Segen
singt sich hinein. Und wie ich lausch',

fällt plötzlich hell ein Stern hernieder,
beschrieben wie von Traumes-Hand.
Und ich lieg da, ein Lächeln wieder
im Kinder-Herz, mit Gott verwandt.

(Un-)Endlichkeit

Wie kann ich mich nur näher finden,
in deine Arme, weit und groß?
Wie kann sich meine Welt verschwinden
im Sog des Halts? Oh, lass mich los,

und fang mich unten, tief geborgen
in deiner Hand, die niemals schlägt;
doch trägt, mit all den schweren Sorgen.
Ein Ende hab' ich nie erwägt...

über die Autorin

Susann Kraft ist 1978 in Chemnitz geboren und siedelte für ihr Studium vor 19 Jahren um nach Baden-Württemberg. In Karlsruhe arbeitet sie heute als Lehrerin und engagiert sich daneben ehrenamtlich in der Rettungshundeausbildung des DRK.

Mit dem Schreiben von Gedichten begann sie erst 2014 und dies vorrangig in englischer Sprache. Ihre erste Veröffentlichung hatte sie in Band 1 der SternenBlick-Anthologie „Ein Gedicht für ein Kinderlachen".

„Wilde Poesien" ist ein Querschnitt aus ihren bisher in Deutsch geschriebenen Versen und zeigt die Vielfältigkeit der Autorin.

Das Projekt

SternenBlick ist ein Projekt, das Mitte 2013 von Poesiebegeisterten initiiert wurde. Ziel ist es zeitgenössische Poesie zu fördern, unter anderem durch sorgfältig erstellte Bücher — sowohl inhaltlich, als auch optisch. Daneben ist der Ansatz der Gemeinnützigkeit eine zentrale Position von SternenBlick. Sämtliche Erlöse, auch von diesem Band, fließen daher einer Organisation zu, die die Spenden ihrerseits an bedürftige Kinder verteilt.

Alle Veröffentlichungen, aktuelle Ausschreibungen und der Spendenstatus sind der Homepage zu entnehmen:

www.sternenblick.org

Näher am poetischen Herzen

Inhaltsverzeichnis